Rencontres et relations saines

comment rendre nos relations saines

et

durables

Patrice Beaufils

Contenu

Les éléments cruciaux d"une relation amoureuse réussie

Il n'est pas impossible de trouver le véritable amour et de maintenir une bonne relation saine. Le secret est de garder votre acte en équilibre. Pour y parvenir, vous devez posséder de nombreuses vertus, dont l'affabilité, l'amour, le respect, la patience et la confiance. Simple et fait maison sont les composants d'une relation amoureuse heureuse.

Les caractéristiques suivantes sont nécessaires pour des relations amoureuses saines :

Honnêteté et sincérité : L'une des exigences les plus fondamentales pour toute relation réussie est d'être sincère envers votre conjoint. Votre conjoint ne sera jamais suspicieux ou n'aura aucun doute à votre sujet parce que vous avez toujours été incroyablement honnête avec lui ou elle parce qu'un personnage propre et honnête parle beaucoup, développe la confiance et peu importe ce qui se passe.

The Forgiveness Act : Pour des relations saines et durables, vous devez être capable de lâcher prise sur le passé. Garder rancune l'un contre l'autre tout en feignant l'amour l'un pour l'autre est inutile.

Rappelez-vous l'adage "Après que la nouveauté d'une relation s'en va, seules l'amitié et la camaraderie restent." quand on parle d'amitié. Il ne suffit pas d'avoir une chimie physique incroyable; vous devez également bien vous entendre les uns avec les autres. Dans tout mariage heureux, les époux sont d'abord et avant tout des amis dévoués l'un à l'autre.

Patience : Si vous avez la capacité pour les deux, cela vous aidera à traverser tous les moments difficiles d'une relation. En raison d'un manque de patience pour résoudre les problèmes de manière rationnelle, les relations amoureuses et les mariages se terminent souvent de manière abrupte.

Passion : Une passion enflammée pour votre compagnon peut faire des merveilles pour votre relation amoureuse. Ne mélangez pas l'amour et la passion avec le sexe et la luxure ; le véritable amour et la passion l'emportent sur l'envie de connexion physique. Cela rend la relation puissante et durable.

Lorsque vous communiquez bien, vous apprenez à apprécier les opinions de l'autre et à être ouvert aux suggestions de votre partenaire. Parler de toutes les difficultés difficiles de la vie est bénéfique.

Une relation de nature monogame est une relation qui est précieuse. Afin de maintenir une relation saine et réussie, vous devez être complètement honnête, fidèle et véridique avec votre partenaire. La question de la polygamie ne se pose même pas s'il existe un véritable amour et respect entre les partenaires ; vous ne ressentirez jamais le besoin de faire des changements dans vos relations amoureuses.

Egalité des sexes : Dans une relation, vous devez prendre ensemble les décisions importantes. Ce n'est pas la prérogative exclusive d'un homme de décider de questions qui concernent également sa partenaire. Une justice complète et l'égalité des sexes sont requises.

Responsabilités économiques : Pour un modèle sain, la charge financière doit être répartie équitablement. Pour s'assurer que toutes les parties bénéficient de tels arrangements financiers, tous les choix financiers doivent toujours être faits de concert.

Une relation amoureuse saine a également plusieurs caractéristiques en commun avec ses participants. Sur le plan émotionnel, mental et corporel, il faut s'entendre. Parce que la vie est si brève, nous devrions chérir chaque jour et travailler pour rendre notre partenaire et nous-mêmes heureux.

Les relations amoureuses à long terme doivent être maintenues. Lors d'un rendez-vous, ne recherchez jamais les sensations fortes et l'excitation bon marché. Même ceux qui trouvent un amour profond ont du mal à maintenir leur position dans de telles relations passagères.

La vraie formule pour trouver des partenariats de rencontres sains

La majorité des gens croient à tort que faire appel à un homme ou à une femme est simple et sans complication. Avec le temps, les choses ont changé, et maintenant les deux couples ont besoin de plus de leur relation que d'une simple attirance sexuelle. Vous avez probablement vu que certains hommes peuvent attirer les femmes les plus attirantes sans être très attirants ou riches. Vous êtes-vous déjà demandé comment ils le gèrent ? Vous devez avoir un véritable plan d'attaque secret pour charmer un partenaire potentiel. En ce qui concerne les hommes, ils comprennent parfaitement l'importance de développer le type de personnalité qui attire les femmes. Si vous essayez ces stratégies et que vous les maîtrisez, vous pourriez avoir de la chance et trouver un partenaire de rencontre compatible.

Parce que la beauté est un facteur majeur pour attirer un rendez-vous, vous devez faire un effort pour peaufiner votre personnalité. Maintenant, trouvez-vous cela déroutant ? Avant, nous disions qu'être attirant n'était pas nécessaire, mais maintenant nous soutenons que les apparences comptent. En réalité, l'apparence est plus qu'une simple apparence physique. Votre première conversation avec un dater potentiel peut être votre première impression. Ici, nous visons à faire comprendre que la garde-robe d'une personne influence grandement sa personnalité. Vous pouvez être jugé par les vêtements que vous portez. Le sens du style d'une personne peut avoir un effet positif sur votre partenaire romantique potentiel. De plus, votre langage corporel peut être défini par votre garde-robe. Alors essayez d'utiliser cette véritable astuce la prochaine fois que vous voulez épater votre amoureux.

Deuxièmement, entraînez-vous à sourire plus fréquemment lorsque vous vous rencontrez. Gardez votre ton poli. Maintenez votre sourire pétillant même si vous avez une journée difficile au travail. Cela donne l'idée que vous êtes capable d'être optimiste même lorsque les choses sont difficiles pour vous et que vous ne laissez pas la vie vous abattre. Cela peut avoir un effet favorable sur la date potentielle.

Essayez de faire face à la situation avec confiance. Chaque fois que vous avez une conversation avec votre rendez-vous, exprimez vos opinions pour lui démontrer votre connaissance de la question. Voici un mot d'avertissement, cependant. – À condition que vous connaissiez le sujet, c'est-à-dire. Si vous ne l'êtes pas, veuillez garder vos opinions pour vous afin d'éviter qu'on se moque de vous. Votre rendez-vous sera certainement impressionné par vos connaissances. Avoir du sang-froid est essentiel. Les gens veulent que leur partenaire amoureux soit intelligent. Ne vous rabaissez jamais. Mais dans cette situation, il est crucial d'éviter d'être impoli ou combatif avec votre rendez-vous dans le but de le gagner en montrant votre confiance. Trouvez un équilibre avec les mots que vous utilisez.

Comprendre l'art du langage corporel est un autre secret. Si vous sentez que votre conjoint et vous avez une conversation improductive, envisagez de changer de sujet pour quelque chose de plus agréable. Gardez un œil sur son langage corporel et essayez de réagir de manière appropriée.

De plus, essayez de ne pas embellir les informations vous concernant lorsque vous parlez avec votre partenaire. Votre écriture ne doit pas contenir d'informations exagérées qui pourraient causer des problèmes ou nuire à votre réputation.

image. Lors d'un premier rendez-vous, certaines personnes ont tendance à se vanter d'elles-mêmes. Par conséquent, assurez-vous de conserver certains de ces secrets avec vous et de les utiliser à votre avantage la prochaine fois que vous essayez de trouver un partenaire.

Une relation amoureuse saine exige un respect et une confiance mutuels.

Tant qu'elles durent, les relations amoureuses sont très amusantes. La vie d'adolescent comprend inévitablement des fréquentations. L'idée de sortir ensemble peut être un peu déroutante pour ceux qui ne la connaissent pas. Ils ne savent peut-être pas à quoi s'attendre d'un rendez-vous ou d'un compagnon. Il est essentiel de comprendre ce qui constitue une relation amoureuse sûre et saine.

Les rencontres peuvent être amusantes et excitantes au début. Dès le début d'une relation, c'est une bonne idée d'établir un modèle de rencontres digne de confiance et sain afin qu'il se développe en un lien durable ou se termine à l'amiable.

Voici quelques conseils intemporels sur les rencontres :

Respect : Au fur et à mesure que votre relation se développe, n'oubliez pas de vous montrer beaucoup de respect et d'amour. Même le moindre acte d'amour et d'appréciation de votre part fera sourire votre amant. Au lieu d'être dur et critique, essayez d'établir une base de respect et de confiance.

Développez vos intérêts : Faites un effort pour vous intéresser sérieusement aux intérêts de votre partenaire. Vous pouvez finalement trouver du plaisir dans les efforts créatifs de l'autre. En couple, essayez de les apprécier ensemble.

Ayez des remords et exprimez des regrets si vous vous êtes trompé en vous excusant. Certains gars ont du mal à baisser leur garde et à s'excuser auprès de leur partenaire amoureux. Cependant, il est crucial de demander pardon et de faire savoir à l'autre personne que vous regrettez votre bêtise.

Soyez sincère : C'est merveilleux de rire et de se faire rire. Soyez sérieux, cependant, et discutez de vos objectifs de temps en temps. Ne remettez pas à demain le traitement de sujets désagréables, sinon la relation pourrait en souffrir énormément.

Respecter les structures familiales de l'autre, se serrer les coudes dans les situations dangereuses, se comprendre sans échanger de mots, écouter activement les conversations de son partenaire, s'abstenir d'être cruel quand on est en colère et pouvoir faire confiance à son partenaire autant qu'on se fait confiance tous nécessaires pour une relation amoureuse en développement et saine.

Lorsque deux personnes sortent ensemble, elles se heurtent souvent à de graves désaccords et à des défis. Il est préférable de se séparer dans une telle circonstance que de rester ensemble et de s'engager dans des disputes désagréables. Trouvez un compromis ou séparez-vous pour ne pas perdre le respect et la confiance de l'autre. Parfois, il n'y a rien de plus dans une relation qu'une étincelle initiale d'attirance physique et une bonne chimie qui y mène.

Tant qu'ils sont traités rapidement, les conflits et les désaccords font partie intégrante d'une relation saine qui se développe. Il appelle les deux parties à être sincères, franches et respectueuses des points de vue de l'autre.

voir. Gardez à l'esprit que les applaudissements nécessitent deux mains. Sans l'aide de l'autre main, on ne générera aucun son du tout.

Enfin et surtout, lorsque vous commencez à sortir ensemble, que ce soit parce que vous vous souciez réellement de l'autre personne et pas seulement parce que tous vos amis traînent avec eux. Les rencontres sont une merveilleuse occasion de mieux connaître quelqu'un, vous ne devriez donc aller à un rendez-vous que si vous y êtes complètement préparé. Si vos parents étaient d'accord avec vos habitudes de rencontres, ce serait formidable.

Dans une relation amoureuse saine, il est important de comprendre le langage corporel

Partout dans le monde, les gens aspirent à apprendre l'art d'étudier le langage corporel dans une relation amoureuse. Le langage corporel est connu comme le langage calme, clandestin et le plus imposant de tous ! Beaucoup d'entre nous pourraient se demander pourquoi le langage corporel est considéré comme si important. Il n'est pas nécessaire que nous communiquions toujours verbalement. Grâce à nos mouvements corporels, beaucoup de choses non dites peuvent être comprises.

Étudier le langage corporel est une science en soi. Lorsque vous pensez à sortir avec quelqu'un, il est bon de connaître les bases du langage corporel afin de savoir comment votre rendez-vous vous répond. Il existe de nombreuses façons de savoir si votre partenaire amoureux n'est pas intéressé. Essayez d'étudier leur langage corporel. S'asseoir dans une posture défensive avec les bras croisés, se détourner de vous, regarder ailleurs lorsque vous parlez, sont autant de signes que votre rendez-vous peut être mal à l'aise ou essaie de vous ignorer.

C'est un fait connu que lorsqu'un partenaire n'est pas intéressé, il essaie de s'éloigner et essaie de réduire le contact. C'est pourquoi il est essentiel que vous compreniez le langage corporel et que vous preniez ensuite un appel à votre rendez-vous. La meilleure option est de parler ouvertement avec votre partenaire et si les choses ne fonctionnent pas comme vous le pensez, vous ne devriez pas penser à poursuivre la relation.

Soyez conscient de votre langage corporel lorsque vous communiquez avec votre partenaire. C'est un fait que beaucoup croient que le langage corporel exprime ce que vous pensez dans votre cœur et ne montre jamais aucune nuance de mensonge ou de tromperie. Par conséquent, ce que vous pensez réellement de votre partenaire est transmis par votre langage corporel.

Réfléchissez à ceci : si au fond de votre esprit vous avez un sentiment de dégoût pour votre partenaire, cela sera clairement visible à travers votre langage corporel. Nul doute que vous parlerez bien devant lui, mais votre langage corporel peut rendre plus visibles les choses amères qui se passent dans votre esprit. Très souvent, le langage corporel se produit simplement, mais les conséquences peuvent être graves.

Lorsque vous parlez, utilisez des gestes pour vous exprimer. Cela vous rend plus intéressant pour votre partenaire, mais ne faites pas tout votre possible pour gêner votre partenaire. S'il le faut, touchez sans intentions louches et croyez-le ou non, ça se voit ! Vous devez maintenir un contact visuel à tout moment. Cependant, ne jamais baisser les yeux, c'est lu comme un signe de faiblesse.

Quand vous êtes amoureux, vos yeux peuvent dire mille mots. Un seul regard pourrait permettre à votre partenaire de comprendre la profondeur de votre amour. De plus, votre sourire dynamique et vos postures corporelles peuvent avoir un impact positif sur votre partenaire. Vous pouvez montrer beaucoup d'affection à travers votre langage corporel. Par conséquent, il est bon d'apprendre l'art du langage corporel lorsqu'il s'agit de sortir avec votre partenaire. Ça peut être l'une des méthodes les plus efficaces de communication non verbale. Ainsi, la prochaine fois que votre partenaire fera une grimace, vous saurez ce qui ne va pas simplement parce que vous avez étudié l'art du langage corporel.

Votre langage corporel vous permettra non seulement de faire passer une relation existante au niveau supérieur, mais vous tous qui exploitez l'amour pour la première fois, le bon langage corporel vous assurera que vous ne serez jamais durement rejeté.

Un comportement amical est essentiel pour une rencontre réussie.

Est-ce que vous séduisez les mecs avec votre beauté mortelle ? Ou avez-vous une mauvaise attitude et êtes-vous solitaire? Désirez-vous une relation amoureuse mais croyez-vous que vous manquez d'une personnalité accessible?

Être accessible et approcher de votre rendez-vous sont les deux méthodes pour réellement aller à un rendez-vous. Chaque femme dans le monde a son propre groupe d'admirateurs qui la trouvent toujours la plus séduisante. Il y a quelqu'un pour vous toutes, les femmes, que ce soit son père, son mari, son enfant ou son amant.

La beauté physique n'est pas une condition préalable à l'attractivité ; plutôt, il est plus important d'avoir un comportement invitant. Les femmes d'aujourd'hui sont plus occupées que jamais et plus concentrées sur leur carrière. Ils sont empêtrés en eux-mêmes même lorsqu'ils bougent. Certaines personnes, avec leur visage sombre et intimidant, leurs yeux vides et leur attitude rigide, ressemblent vraiment à des espions ou à des agents clandestins. Et il est compréhensible que les hommes hésitent à les inviter à un rendez-vous, sans parler de les approcher pour une conversation rapide.

Être accessible n'a pas besoin que vous marchiez sensuellement ou jetiez des regards sournois. En termes simples, cela signifie que vous devriez sourire davantage et être cordial et amical avec tous ceux que vous rencontrez.

Alors que certaines personnes peuvent apporter leurs problèmes de la maison au travail, d'autres peuvent faire exactement l'inverse. Dans les deux cas, ils sont prêts à attaquer le premier humain qu'ils rencontrent. Il est impossible de trouver un bon compagnon avec ce genre d'état d'esprit, c'est pourquoi c'est inapproprié.

Même si elles sont attirantes, les filles en colère ne sont belles que dans les films. Aucun héros macho n'a la force de combattre un chat sauvage dans la vraie vie.

Voici quelques conseils utiles pour toutes les femmes qui veulent paraître sages et accessibles - n'oubliez pas de garder ces griffes sous ces gants soyeux !

Même si votre journée a mal commencé, gardez le sourire et essayez de ne pas rendre la vie désagréable aux autres autour de vous. Le sourire vous aidera à relâcher toute tension. Vous pouvez attirer plus de personnes si vous êtes amical et optimiste.

La plupart des hommes trouvent admirable qu'une femme respire la confiance et ait une grande estime d'elle-même. Il ne vous oblige pas à être prétentieux et abrasif. Au lieu de cela, il représente une femme qui se respecte et croit en elle-même. Ils présentent un défi pour ceux qui en ont assez des femmes collantes.

Établissez un contact visuel – Il est crucial de regarder les gens dans les yeux directement pour transmettre votre accessibilité. Mais attention à ne pas regarder; au lieu de cela, établissez un bref contact visuel avant de continuer.

Posture du corps - Il est de notoriété publique que le fait d'avoir les bras croisés en position debout indique que vous êtes dans une position défensive. Il exprime votre désir d'être laissé seul. Cependant, adopter une attitude décontractée avec vos bras à vos côtés ou vous reposer sur la table vous fait paraître amical.

Vêtements séduisants - Vous pouvez vous habiller de manière séduisante pour attirer les hommes sans même essayer. Vous n'avez pas besoin de porter des t-shirts moulants ou de minuscules minijupes ; portez simplement une robe qui dévoile un peu la peau tout en laissant beaucoup d'imagination. Cela montre une attitude et une classe véritables. La plupart des gars adorent les femmes séduisantes et à la mode.

Toutes les filles qui veulent tuer avec le type d'approche approprié pourraient trouver cet essai éclairant.

Rencontrer un homme âgé

L'idée de sortir avec un homme plus âgé est devenue largement acceptée au fil du temps. Les experts en relations considèrent que l'association d'une jeune femme et d'un homme plus âgé est traditionnelle. Il est compréhensible que de nombreuses femmes préfèrent sortir avec des hommes plus âgés, car elles ont un statut social plus élevé et sont probablement plus riches que les hommes plus jeunes. La plupart des jeunes hommes manquent de confiance en leur avenir et ont des carrières médiocres. En conséquence, de nombreuses jeunes femmes préfèrent les relations avec des hommes plus âgés.

Avoir des avantages lorsqu'on sort avec un homme plus âgé La maturité est le facteur le plus important et le plus tangible. Comparés aux hommes plus jeunes, les hommes plus âgés sont beaucoup plus matures. De plus, les hommes plus âgés offrent aux femmes beaucoup de soutien émotionnel ainsi qu'une sécurité financière. Les hommes plus âgés ont tendance à être plus naturellement polis et ont tendance à traiter les femmes avec soin et respect. Les femmes aspirent et trouvent un attrait chez les hommes qui possèdent ces caractéristiques.

Deuxièmement, la sécurité est quelque chose à laquelle la plupart des femmes aspirent, non seulement en termes de stabilité financière mais aussi en termes de confort émotionnel. Vous n'avez pas à vous soucier de l'argent même si vous n'êtes pas axé sur la carrière. Beaucoup de femmes sont prêtes à sortir avec un homme qui aime jouer à des jeux vidéo toute la journée et agit comme un enfant tout au long de sa vie. Lorsqu'une femme plus jeune sort avec un homme plus âgé, les problèmes de cette nature ne sont pas courants.

Les femmes qui n'ont jamais eu de figure paternelle dans leur vie considèrent généralement les hommes plus âgés comme un mentor ou une figure paternelle. Cela profite généralement aux parties concernées. Être avec un homme plus âgé fournira à la femme une orientation et de plus grandes expériences de vie. L'homme plus âgé a également la chance de gagner l'admiration d'une femme plus jeune.

Il y a plusieurs avantages à sortir avec un homme plus âgé, sans aucun doute. Cependant, cette combinaison éprouvée échoue fréquemment. Dans d'autres circonstances, l'homme âgé peut être extrêmement raide et incapable de s'adapter à un nouveau mode de vie. Il pourrait être très réticent à changer ses méthodes au profit de son intérêt romantique. La relation peut en souffrir. L'homme plus âgé peut être très catégorique sur son style de vie particulier, ce qui peut sérieusement mettre son partenaire mal à l'aise.

en sa présence. La jeune femme pourrait trouver tout cela amusant et attrayant au début. Cependant, au fil du temps, les circonstances peuvent considérablement changer et leur équation favorable pourrait rapidement devenir défavorable.

Il y a beaucoup d'hommes plus âgés qui ont des enfants issus de relations passées. Ses enfants pourraient ne pas accepter une femme plus jeune dans sa vie dans ce cas, ce qui pourrait entraîner des problèmes. Considérez ce qui suit : Si ses enfants sont plus âgés que vous, la situation peut devenir embarrassante. Les enfants pourraient ne pas vouloir vous accepter comme leur belle-mère, même s'ils sont jeunes.

Vous devez posséder la maturité et la préparation nécessaires pour gérer n'importe quelle circonstance. Il ne devrait pas y avoir de retour en arrière si vous l'êtes. Une fois que vous avez considéré tous les avantages et les inconvénients, vous seul pouvez décider ce qui vous convient le mieux. Étant donné que l'action ultime affecte à la fois vos sentiments et ceux de votre partenaire, réfléchissez soigneusement à vos options.

Être avec une femme âgée

Bien qu'il n'y ait pas de limite d'âge supérieure pour la romance, il peut y avoir des différences entre sortir avec une femme plus âgée et sortir avec une femme de votre âge. Beaucoup de gars sont attirés par les femmes plus âgées parce qu'elles sont plus matures et ont plus d'expérience de la vie que les jeunes femmes. Il y a une perception que les femmes plus âgées sont plus aptes à gérer les relations et ont une meilleure compréhension des hommes car elles sont plus confiantes dans leurs désirs. Dans leur chasse au compagnon idéal, certains mecs favorisent les femmes plus âgées.

Les femmes âgées sont extrêmement certaines du chemin qu'elles veulent emprunter dans la vie. Ils sont ouverts et comprennent les désirs d'un homme, et ils donnent souvent des suggestions aux hommes sur la façon de faire progresser une relation amoureuse. Sortir avec une dame plus âgée peut être passionnant et divertissant. C'est encore possible si elle n'a pas d'enfants à charge. Malgré cela, vous pouvez toujours sortir avec des mères célibataires, mais cela vous demandera beaucoup plus d'efforts. Souvent, les hommes sont immédiatement séduits par les femmes plus âgées mais sont incapables de les séduire. Traiter une femme plus âgée comme si elle était une femme de votre âge ou presque est la plus grosse erreur que commettent la plupart des hommes.

Voici quelques conseils à garder à l'esprit si vous sortez avec une femme plus âgée.

Une femme plus âgée choisira toujours une relation avec un homme responsable et sûr de lui. Cette question est également prise en considération en termes de dévouement d'un partenaire. Elle préfère éviter une relation avec un homme qui se révèle incertain et confus quant à la réalité de la vie par crainte qu'il annule la relation en raison de ses incertitudes.

Elle est peut-être plus âgée que vous, mais elle choisira toujours un homme qui peut veiller sur elle et prendre les choses en main. Si vous supposez que parce qu'elle est plus âgée, vous devez assumer certaines de ses obligations, vous l'aliéner complètement.

Sortez de l'université et comportez-vous correctement. Une femme plus âgée voudrait un gentleman et un homme socialement apte. Elle espère un comportement plus poli. Elle ne supporte pas les comportements enfantins.

Beaucoup d'hommes ont du mal à accepter que la femme dans leur vie soit mieux lotie financièrement qu'eux. Mais évitez de laisser votre ego vous gêner. Elle devrait être établie dans la vie compte tenu de la disparité de leurs âges. N'aborde jamais ce sujet lors d'un rendez-vous.

Ne jamais embellir ou mentir sur qui vous êtes. Les femmes plus âgées sont capables de dire si un homme ment en raison de son intelligence. En raison de son expérience antérieure, elle a maîtrisé la méthode pour voir le vrai gars derrière le visage. Elle apprécierait que vous soyez honnête, alors s'il vous plaît soyez.

Si vous avez décidé de sortir avec cette magnifique femme plus âgée, vous n'avez pas à vous soucier d'en savoir plus sur son passé. C'est normal d'en être conscient, mais si vous lui donnez du temps, elle vous parlera de son éducation.

Comme toute autre femme, même les femmes plus âgées méritent admiration et attention. Vous n'aurez aucun problème à gagner leur affection si vous les faites se sentir spéciaux. Cependant, assurez-vous d'être sincère et de vouloir passer le reste de votre vie avec cette femme plus âgée que vous.

Ce que les hommes pourraient manquer lorsque vous sortez avec eux

Les hommes et les femmes ont des désirs et des objectifs distincts en matière de rencontres. Lorsque nous sortons ensemble, nous anticipons souvent beaucoup d'amour et de surprises de la part de notre conjoint. Mais parce que nous sommes incapables de comprendre leurs demandes, notre relation devient tendue. Une femme a une liste de demandes qu'elle veut que son homme idéal satisfasse avant de sortir avec lui. Elle ignore simultanément le fait qu'il est une personne unique avec ses propres attentes. Donner et recevoir sont les pierres angulaires d'un partenariat réussi, c'est pourquoi une femme doit comprendre ce dont son homme a besoin.

Il se trouve que nous pensons souvent que nous faisons du bon travail, mais lorsqu'un problème surgit, nous sommes incapables d'en identifier la cause ou le coupable. Voici quelques erreurs de rencontres que vous pouvez commettre.

Les hommes ont noté que les femmes ont tendance à se plaindre de tout et peuvent le faire pendant des heures, voire des jours à la fois. Lorsqu'elle a un problème avec quoi que ce soit, elle s'assurera de s'en plaindre et d'exiger une explication jusqu'à ce qu'elle découvre un autre problème avec son conjoint. Les hommes sont complètement rebutés par les femmes qui se plaignent, et un harcèlement persistant peut vous les rebuter. Il est préférable de régler le problème une fois, puis de passer à autre chose. Votre partenaire se sentira mal si vous continuez à en parler et il pourrait cesser de vous aimer.

Nous devons reconnaître que les hommes et les femmes sont distincts les uns des autres car, comme nous le savons tous, chaque personne est unique. La plupart des femmes refusent simplement de l'accepter et continuent de faire des suppositions. Un homme percevra les choses très différemment de la façon dont une femme le fait. En conséquence, vous devez être conscient de la mentalité de votre homme et le traiter correctement. Vous pouvez également lire des livres sur les différences entre les hommes et les femmes pour mieux comprendre votre petit ami. Les femmes obtiennent de meilleurs résultats que les hommes lorsqu'il s'agit de lire le langage corporel, car les hommes ne semblent pas très bons dans ce domaine.

Beaucoup de femmes supposent que leurs partenaires sauront ce qu'ils veulent même s'ils ne l'expriment pas. Les hommes ne peuvent pas prédire ce que vous voulez car ils manquent de super pouvoirs. Parler de ce que vous voulez dans une relation est préférable à lui demander de manière inefficace par le biais d'indices non verbaux. J'ai observé certaines dames qui présentent un personnage différent afin de dessiner leur petit ami. Peu importe à quel point vous aimez quelqu'un, n'essayez pas de le séduire en pensant simplement à ce que les hommes attendent d'une femme et en vous forçant à agir différemment. Cela pourrait vous aider à démarrer la relation, mais dès que votre partenaire découvrira qui vous êtes vraiment, cela prendra fin.

En plus de ces erreurs, les femmes sortent fréquemment avec des hommes même après avoir subi trop de stress et de souffrance. Certaines femmes veulent simplement garder l'espoir que leur relation s'améliorera et que leur petit ami les traitera un jour avec bienveillance. Une autre erreur stupide mais grave commise par les femmes est de poursuivre une relation par faux espoir.

Être authentique est toujours une bonne idée. Soyez pratique et réfléchissez à l'avenir de votre relation. Plus important encore, développez une confiance et un respect mutuels tout en apprenant à comprendre la mentalité d'un homme.

Relation avec un parent

Il y a des cas où les rencontres peuvent devenir difficiles lorsque des enfants sont impliqués. Les gens hésitent souvent à sortir avec quelqu'un qui est déjà marié avec des enfants. Vous n'avez rien à perdre en sortant avec quelqu'un. Cependant, vous devez faire preuve d'une extrême prudence pour vous assurer que les enfants et votre relation ne sont pas affectés. La probabilité d'échec est mince si le problème est traité correctement.

Il n'est pas nécessaire que vous rencontriez les enfants de votre partenaire lors de votre premier rendez-vous. Prenez le temps de mieux connaître votre partenaire. Rencontrez les enfants de votre partenaire si vous pensez que vous êtes compatibles et que vous êtes prêt pour une relation à long terme. Décidez du moment idéal pour rencontrer les enfants une fois que vous êtes tous les deux à l'aise et que vous vous entendez bien. Il est crucial que vous établissiez une relation solide avec les enfants. Vous devez garder à l'esprit qu'avant de commencer à sortir avec votre conjoint, vous étiez vraiment disposé à embrasser ses enfants. En conséquence, vous ne devriez pas vous comporter de manière abrupte.

Il peut être très difficile d'interagir avec les enfants. Ils peuvent vous poser beaucoup de questions, dont certaines peuvent être embarrassantes, et vous aurez besoin de patience pour y répondre. Essayez d'entamer une discussion avec eux sur leurs préférences, leurs articles préférés et d'autres sujets. De plus, essayez de voir les enfants fréquemment. Prévoyez de les rencontrer chez eux ou même de partir en excursion. Asseyez-vous à côté d'eux et profitez de leurs programmes TV préférés. Jouez aux jeux qu'ils adorent.

Le jeune peut tenter d'être réservé dans un premier temps. Cependant, après quelques rencontres, les choses peuvent sembler aller beaucoup mieux. Vous devez faire beaucoup d'efforts et établir une relation positive avec les enfants de votre partenaire si vous voulez gagner le cœur de votre partenaire. Discutez de l'avenir des enfants assis avec votre partenaire. Assurez-vous que vous leur fournirez toute l'aide et le soutien dont ils ont besoin pour grandir. Vos mots ont souvent un impact significatif sur votre relation amoureuse.

Essayez simplement de garder à l'esprit que peu importe à quel point vous devenez proche de votre conjoint, vous ne devriez pas vous mêler des décisions que votre partenaire prend au sujet de ses enfants. Laissez votre rendez-vous décider de la manière dont il souhaite poursuivre ses études, etc. Évitez de donner votre avis avant qu'on ne vous le demande. Votre partenaire se tournera vers vous pour obtenir des conseils ou de l'aide sur n'importe quel problème à mesure que votre relation amoureuse se renforcera. Avoir cet état d'esprit améliorera sans aucun doute votre relation avec votre partenaire. De plus, sachez que votre partenaire accordera toujours une grande valeur à ses enfants. Vous devez donc posséder la maturité nécessaire pour accepter ces réalités et vous abstenir d'agir de manière incontrôlée.

Il peut être difficile de sortir avec quelqu'un quand l'un des partenaires à des enfants. Pour assurer le succès de la relation, vous devez travailler extrêmement dur. Vous devez simplement vous assurer que vous établissez de bonnes relations avec les enfants de votre partenaire et que les choses restent simples pour votre partenaire. Assurez-vous de passer du temps de qualité avec votre partenaire une fois que les enfants sont impliqués. Ce conseil peut vraiment vous aider à développer une relation amoureuse avec votre partenaire amoureux et les enfants.

Ce que vous pourriez faire de manière incorrecte lorsque vous sortez avec des femmes

Il y a certains hommes qui trouvent souvent simple de captiver de jolies femmes et de commencer à sortir avec elles. Cependant, les hommes commettent des erreurs qui font que ces relations se terminent trop tôt. Ce ne sont pas toutes les femmes qui rencontrent des hommes qui commettent réellement ces gaffes, mais si vous voulez que sortir avec quelqu'un soit une expérience merveilleuse, il est préférable d'en être conscient et d'éviter de telles circonstances. Prendre soin des détails mineurs mais cruciaux ne fera pas fuir la dame.

Voici quelques exemples de choses que les hommes peuvent faire de manière incorrecte lorsqu'ils sortent avec des femmes.

L'impitoyable. Beaucoup d'hommes sont désespérés lorsqu'ils essaient de trouver leur véritable amour. Ils deviennent surexcités et commencent à poursuivre les femmes comme s'il n'y avait pas de lendemain. Ils croient à tort que cela démontre son amour pour elle, mais tout cela ne fait que donner une mauvaise impression. Une femme pourrait penser que vous êtes un peu rauque et chercher un homme plus gentil et plus respectable. Il vaut mieux éviter de se montrer désespéré. Lorsque nous aimons quelqu'un, nous devenons tous ravis, mais cela pourrait nuire à votre réputation. Au lieu de cela, prenez votre temps et avancez lentement dans le jeu.

une vantardise. Certains hommes chérissent simplement leur propre compagnie plus que toute autre chose. Certains hommes ne sont jamais satisfaits de se vanter d'eux-mêmes. Il est difficile pour eux de laisser leur rendez-vous parler de leurs intérêts. Vous pouvez être sûr que la dame ne réapparaîtra plus dans votre vie, car c'est une sortie complète. Nous sommes tous fiers de nos efforts et de nos réalisations. Cependant, parler sans arrêt ne vous aidera pas. Laissez la femme parler pendant un moment pendant que vous faites attention. Vous en apprendrez plus sur elle et vous la comprendrez mieux grâce à cela.

l'homme tranquille. Il y a certaines personnes qui sont tout à fait timides, par opposition aux mecs bavards. Même si vous avez une personnalité charmante et un bon cœur, vous pouvez avoir du mal à vous exprimer ou à engager un dialogue franc. Laissez-moi vous dire que votre partenaire se sentira simplement exclu si vous faites cela. Apprenez à vous exprimer et dites-lui aussi souvent que vous le pouvez combien vous l'appréciez et l'appréciez. Je vous promets qu'apprendre à communiquer rendra votre relation plus forte.

Ne manquez pas votre parole. La plupart des gars font des promesses qu'ils regrettent plus tard. Assurez-vous de respecter votre promesse de l'appeler. Si vous avez promis de l'emmener dîner, assurez-vous de le programmer. Les femmes peuvent d'abord ignorer ce comportement, mais si cela continue, elles commenceront sans aucun doute à chercher un homme meilleur.

Ne dites jamais un mensonge. S'il vous plaît ne mentez pas à votre date si vous avez l'intention de rester avec eux pendant une longue période. Mentir peut vous paraître héroïque au début, mais une fois la vérité révélée, elle ne voudra même plus voir votre visage. Un faux personnage ne peut pas durer très longtemps. Cependant, le maintien de votre intégrité vous aidera à renforcer votre relation.

Vous pouvez avoir votre espace si vous lui donnez le vôtre. Sa distance avec vous grandira si vous prenez des décisions pour elle. Au lieu de cela, donnez-lui une certaine marge de manœuvre pour poursuivre ses intérêts pendant que vous planifiez un moment avec vos amis. Une base solide pour une relation saine est de se donner l'espace nécessaire.

Lorsque vous sortez ensemble, prêter attention à ces quelques éléments peut vraiment faire la différence. Ignorer ces problèmes pourrait vous entraîner dans un scénario délicat.

Évitez ces vieilles habitudes pour maintenir une relation amoureuse heureuse

Les vieilles habitudes sont difficiles à briser, mais avec suffisamment d'efforts, elles peuvent être surmontées. Avant de vous engager dans votre relation amoureuse, vous devez briser toutes les mauvaises habitudes que vous pourriez encore avoir. Dans la vraie vie, crier, crier et lancer des objets peuvent ruiner vos relations, même s'ils peuvent paraître fantastiques dans un feuilleton télévisé quotidien.

Une connexion émergente peut être détruite par d'anciens comportements. Par exemple, votre besoin de boire presque tous les soirs peut faire des ravages sur vos perspectives amoureuses. Il pourrait être humiliant et horrible pour votre partenaire de continuer à sortir avec un alcoolique. Certaines personnes jurent, se disputent, s'énervent ou frappent leur conjoint, mais la polygamie, la consommation de drogue, l'alcoolisme et le tabagisme sont parmi les pires habitudes. Il ne sert à rien de maintenir une relation où vous intimidez et essayez de blesser votre partenaire lorsqu'il atteint des niveaux aussi bas.

Toute habitude peut être brisée si vous y tenez, peu importe son âge. Vous pourriez commencer par tout dire à votre partenaire et le supplier de mettre fin à la relation. Pour résoudre votre conflit à deux, demandez à votre partenaire d'être un peu plus indulgent avec vous. Remplacez les comportements rigides par de nouveaux comportements sains que vous pouvez pratiquer avec tout votre corps et votre esprit.

Certains d'entre nous ont une mauvaise langue; même si nous pouvons nous convaincre que nous sommes honnêtes et que nous disons la vérité, cela peut parfois être très risqué. Combien d'entre nous, en toute honnêteté, aimeraient entendre parler de nos défauts et faiblesses de nos partenaires bien-aimés ? Être franc est inconfortable et bouleversant ; apprenez à être diplomate dans votre communication et faites attention à votre bouche. Les choses dites dans un accès de rage ou de haine ne peuvent être ni retirées ni oubliées.

Voici quelques exemples d'erreurs de datation typiques :

Attentes trop élevées - N'exigez pas le monde de votre compagnon. Contentez-vous et contentez-vous de ce que vous avez. Ne sous-estimez ou ne surestimez jamais votre rendez-vous ou votre partenaire de vie potentiel.

Dire des mensonges - Une fois que vous avez menti, vous devrez mentir à plusieurs reprises. De telles relations fondées sur la tromperie et les mensonges se terminent invariablement par une tragédie.

Soyez honnête dans votre communication, mais évitez de tout dévoiler à l'autre personne. Peu importe à quel point vous êtes enragé, parlez toujours calmement. Développez vos compétences en communication.

Ne pas exprimer—Exprimer votre amour est crucial; sinon, l'autre personne ne comprendra pas ce que vous ressentez pour elle. Ils ne peuvent pas vous captiver ou vous ouvrir la tête pour révéler votre amour irrésistible. Apprenez à montrer à au moins une personne dans votre vie de l'affection et de l'expression.

Votre esprit et votre corps sont empoisonnés par de vieilles habitudes nocives. Ils deviennent votre seconde nature, ce qui va effacer tous vos traits admirables. Avec amour et attention, des partenariats sains et durables sont créés.

pas par rage ou par stupidité. Si votre partenaire veut que vous réduisiez votre consommation de tabac, cela montre qu'il tient à vous. Commencez simplement à faire un effort pour limiter le nombre de cigarettes que vous fumez chaque jour. De grandes batailles peuvent être gagnées avec un peu de pratique et de ténacité.

Excellents conseils sur les rencontres saines

Les gens réfléchissent parfois aux détails du secret d'une relation saine. Les relations saines normales sont agréables, et la meilleure partie est qu'elles renforcent votre estime de soi. Toute personne dans votre vie pourrait être une relation fantastique pour vous. Vos amis, instructeurs, patrons, conjoint ou même des intérêts amoureux potentiels pourraient être affectés. Les gens ont commencé à croire à l'idée de sortir ensemble depuis l'introduction de la mondialisation.

Pour commencer, la datation peut être caractérisée comme une activité sociale qui implique principalement deux individus dans le but principal de déterminer s'ils sont compatibles l'un pour l'autre avant d'entrer dans une relation intime ou de se marier. Voici quelques autres conseils pour une relation amoureuse heureuse.

Commencez par ne jamais faire de suppositions. Ce n'est pas parce qu'une personne est célibataire qu'elle a nécessairement un mauvais caractère. Vous devez vous débarrasser de cette idée dans votre tête. Votre relation amoureuse saine peut commencer par cela. Essayez de ne pas rejeter la responsabilité de votre attirance sur la mauvaise personne, si vous sortez ensemble et sentez au fil du temps que vous avez été attiré par la mauvaise personne. Au lieu de cela, faites un effort pour résoudre le problème actuel et identifier sa racine. Lorsque vous sortez avec quelqu'un, faites l'effort de vous examiner. Vos sentiments envers la personne avec qui vous sortez doivent être extrêmement apparents. Cela signifie essentiellement que vous devez être certain de ce que vous attendez de cette relation, que ce soit simplement sortir avec quelqu'un ou aller plus loin et vous marier.

La meilleure façon de protéger votre vie privée est d'éviter d'essayer de la partager avec beaucoup d'autres personnes. Gardez vos informations personnelles cachées à vos amis proches et, si nécessaire, même à votre famille. Vous pourriez en fait avoir une relation amoureuse saine à la suite de cela.

Ne vous concentrez pas trop sur l'avenir en ce moment et sur ce qu'il vous réserve. Lorsque vous commencez à sortir ensemble, vous ne pensez peut-être pas à l'engagement ou à l'avenir. Cela devrait attendre que vous vous connaissiez mieux. Trop penser à l'avenir peut nuire à votre vie amoureuse. Assurez-vous que l'amour et la vérité sont en équilibre dans votre relation. Des relations se développeront à la suite de cela.

Essayez de ne pas donner trop de détails à votre rendez-vous sur votre éducation. Essayez de ne pas parler à votre partenaire d'événements douloureux de votre vie pendant que vous apprenez à le connaître. Parfois, une révélation de cette nature peut laisser une mauvaise impression et votre rendez-vous pourrait avoir envie de rompre avec vous tout de suite. Vous devez donc garder votre sang-froid et vous abstenir de parler trop librement.

De plus, vous devez vous efforcer de discuter d'une variété de sujets avec votre partenaire, tels que la distance, l'impulsivité, la gestion des responsabilités, la diligence, etc. Ceux-ci sont cruciaux car ils vous aideront, vous et votre partenaire, à comprendre la personnalité de l'autre et les spécificités de ce que vous faites tous les deux. voulez d'une relation.

Un autre conseil relationnel consiste à éviter de discuter de relations passées avec votre partenaire, car cela ne pourrait pas bien se passer avec lui. De plus, essayez d'éviter de toucher votre rendez-vous au premier rendez-vous . Faites vos recherches avant d'agir.

Communication et rencontres saines

La communication est l'un des aspects les plus importants d'une relation amoureuse heureuse. Une ligne de communication ouverte est essentielle dans toute relation. Cela implique qu'il ne doit y avoir aucun ressentiment à la suite d'un débat et que les deux époux doivent se sentir à l'aise de se parler. Ayez confiance en votre partenaire amoureux et en votre relation avec lui pour commencer. Vous pouvez vous asseoir et discuter avec votre partenaire de n'importe quelle situation, quelle qu'elle soit. Soyez franc et direct lorsque vous posez des questions. Lorsque vous et votre partenaire communiquez véritablement et efficacement, les problèmes peuvent être résolus.

L'idée fausse commune est que la communication ouverte peut nuire à une relation. C'est totalement faux. De nombreux problèmes entre partenaires amoureux peuvent être résolus par la communication. Au lieu de faire de fausses allégations les uns contre les autres, les malentendus peuvent être clarifiés dans un forum ouvert. Être plus expressif et ne pas cacher ses émotions est préférable. Les femmes croient souvent que leur compagnon romantique devrait comprendre ce qui se passe dans leur esprit. Quiconque essaie de comprendre ce qui se passe dans votre tête échouera presque certainement. Au lieu de cela, soyez honnête à propos de vos émotions. exprimez vos attentes pour la connexion.

Une communication efficace est un processus. L'audition est la première étape. Faites attention à ce que dit votre partenaire. Donnez-lui une occasion raisonnable de parler de tout sujet dont vous discutez. De plus, essayez de ne pas interrompre votre interlocuteur. À vous de parler lorsque votre partenaire a terminé. Cependant, évitez d'essayer de dominer une conversation. Regardez sous la surface des émotions orageuses plutôt que de vous concentrer sur la rage du partenaire ou sur son ton acerbe. Vous comprendrez ce que vit votre partenaire si vous vous mettez à sa place.

Lorsque vous arrivez à parler, assurez-vous de le faire calmement et objectivement. Ajoutez des commentaires encourageants et, si possible, encouragez les sentiments de l'autre personne. Examinez votre perception de vous-même et les domaines dans lesquels vous pourriez être plus efficace lorsque vous parlez. Vous deviendrez un meilleur amant très bientôt. Vous apprendrez même à accepter les louanges et à croire sincèrement que vous les méritez.

La relation amoureuse finira par réussir ou échouer en fonction de la communication. Comment votre proche comprendra-t-il ce que vous attendez de votre relation amoureuse si vous ne pouvez pas communiquer verbalement ou simplement brièvement ? Vous devez être conscient de ce que votre rendez-vous veut et répondre de manière appropriée. Votre association de rencontres restera positive et significative grâce à la communication.

De nombreuses relations ne parviennent pas à bien communiquer pendant les rencontres. En fait, c'est souvent l'une des principales raisons pour lesquelles les relations échouent. Au début de votre relation, vous pouvez commencer à mettre en pratique de solides compétences en communication. Vous aurez par conséquent quelques désaccords mineurs. Même s'il s'agit d'un endroit fantastique pour commencer, la communication dans les rencontres va au-delà du simple choix d'un film à regarder ou d'un restaurant à visiter. D'autres canaux de communication solides doivent être présents dans votre partenariat amoureux. Les principes fondamentaux des relations amoureuses comme la conviction, le dévouement et la sincérité sont cruciaux. Votre relation sera dirigée plutôt que autorisée à décliner si vous êtes clair sur vos besoins et si vous tenez compte de votre rendez-vous.

Rencontres saines : Comprendre les désirs de votre partenaire

Beaucoup de gens deviennent victimes de trahison et sont rejetés comme Kleenex. Vous n'avez peut-être évité des circonstances embarrassantes dans votre vie que si vous aviez pu lire ce que votre partenaire voulait réellement. Vous pouvez fréquemment capter des indices ou des indices concernant les activités de votre partenaire et la direction que prenait votre relation. Sans le savoir, ceux qui négligent les symptômes de la trahison finiront par être déçus. En plus des trahisons, nous pouvons même avoir tendance à négliger des choses qui pourraient rendre notre relation heureuse.

Chaque relation commence bien et semble progresser en douceur. Au cours de la phase initiale, nous prenons soin de plaire à nos partenaires de toutes les manières possibles. Lorsque votre conjoint commence à vous donner des indices sur ce qu'il veut, cependant, au fur et à mesure que la relation progresse, vous avez tendance à les ignorer. Bien que cela puisse se produire involontairement, la vérité est que cela peut entraîner un changement dans la relation.

Les femmes sont censées comprendre les signaux non verbaux, alors pourquoi se fait-il que lorsqu'un homme fait une demande gestuelle, il est ignoré ? Une femme peut souvent vous laisser entendre qu'elle attend vos compliments mais qu'elle n'en reçoit aucun, alors elle pense que son partenaire est impoli. La communication est la réponse à ce problème. Pour saisir ce que votre partenaire dit réellement, vous devez développer de solides compétences en communication ainsi qu'une bonne capacité d'écoute. Parce que les hommes et les femmes sont uniques, ils ont des façons différentes de voir le monde. Donner à votre partenaire ce qu'il veut peut être accompli si vous faites un effort pour apprendre comment les hommes et les femmes pensent généralement.

Beaucoup de gens se sont demandé pourquoi leur relation s'était détériorée si rapidement après tant d'années. Pourquoi étiez-vous ensemble si le destin devait vous séparer ? La vérité est que vous refusez de reconnaître et d'accepter les faits de la vie. Vous remarquerez que votre partenaire vous informait indirectement de la rupture si vous regardiez en arrière et que vous vous souveniez de ses actions et de ses commentaires. Par exemple, au lieu d'attendre que votre conjoint revienne un jour, passez à autre chose lorsqu'il commence à se déconnecter fréquemment de vous et donne des excuses pour ne pas retourner vos appels ou vous rencontrer en personne.

Il est crucial d'apprendre à s'exprimer librement avec votre partenaire afin d'avoir une relation heureuse et saine. Il est insensé de supposer que votre partenaire sait ce qui peut vous rendre heureux. Il est préférable de parler des problèmes et d'exprimer vos sentiments les uns aux autres. Demandez-vous si vous méritez d'être dans cette relation et apprenez à reconnaître la vérité. Ne négligez pas les signes avant-coureurs d'une rupture imminente. Vous pouvez gérer votre rendez-vous efficacement et éviter les situations gênantes en prenant des mesures à l'avance.

Dans votre vie amoureuse, apprendre à lire entre les lignes aura certainement un impact important. Par exemple, la plupart du temps, lorsqu'une femme dit "NON", elle veut vraiment dire "OUI". Votre expérience de rencontre peut être améliorée en réalisant à quel point les hommes et les femmes sont différents.

Conseils de rencontre optimaux pour les filles qui travaillent

Au travail, nous voyons souvent de beaux hommes avec qui nous aimerions pouvoir sortir. Nous sortons peut-être ensemble, mais ces relations se terminent souvent mal, et nous regrettons de ne pas avoir écouté quelqu'un qui nous avait avertis de ne pas sortir avec ce type. Beaucoup d'hommes au travail rôdent pour les femmes et jouent avec leurs émotions juste pour passer le temps quand ils sont au bureau. Ce n'est que de 9h à 18h que la relation dure, puis il veut t'oublier jusqu'au lendemain matin où il recommence à travailler. Si vous étiez dans une situation similaire, voyons ce que nous pouvons faire pour vous aider à éviter le piège tendu par votre collègue.

Les filles sont facilement séduites par le sourire et les louanges d'un bel homme. Quelques mots gentils suffisent pour mettre une fille à genoux. Cependant, ces déclarations sont souvent fausses. Il pourrait y avoir un diable aux intentions sinistres qui se cache derrière ce sourire innocent. Cela ne signifie pas toujours que chaque garçon ou homme que vous rencontrez au travail est indésirable. Cela indique simplement que vous devez être prudent lorsque vous sélectionnez une date à partir de votre lieu de travail. Avant de commencer à sortir avec quelqu'un, il est préférable de bien le connaître.

Lorsqu'un gars commence à montrer des signes qu'il est absolument épris de vous, vous devriez vérifier s'il est sincère. Découvrez s'il s'intéresse vraiment à vous ou s'il vous utilise simplement comme divertissement de bureau. Si vous ressentez la même chose à propos de ce type, ne l'exprimez pas tout de suite car s'il n'est pas une vraie personne, il pourrait facilement vous tromper. Pendant des jours, il est conseillé de le surveiller. Avant de commencer à sortir ensemble, testez-le. Regardez comment il vous traite tous les deux, à la fois au travail et pendant votre temps libre.

Pour en savoir plus sur lui, vous pouvez prendre rendez-vous avec lui dans un lieu ouvert au public. Vérifiez s'il regarde d'autres femmes lorsque vous parlez. Si tel est le cas, il ne vous aimera probablement pas. Mais s'il tient vraiment à vous, il voudra vous parler tout le temps, mieux vous connaître et vous faire vous sentir unique. Il vous fera enfin savoir ce qu'il veut, et il sera sans ambiguïté à ce sujet. Vous pouvez décider si vous souhaitez sortir avec cet homme en passant un temps de qualité avec lui.

Les hommes authentiques ne répondront jamais de rumeurs sur vous et votre romance entre collègues. Mais s'il le fait, c'est la première indication qu'il pourrait simplement jouer. Le partager avec un seul ami est différent, et ce n'est pas une bonne idée d'en informer le reste du bureau. Vous pouvez essayer de sortir avec lui si vous pensez qu'il est sincère et que vous vous entendez bien. Vous pouvez mieux connaître quelqu'un et établir une relation lorsque vous commencez à vous rencontrer dans des lieux publics.

Il est conseillé de garder votre relation privée au travail pendant un certain temps. N'évoque jamais l'homme avec qui vous sortez. Il est essentiel d'éviter les commérages sur le lieu de travail en gardant les activités de rencontres privées.

Conseils de rencontres saines: Bâtir la confiance

La base de toute relation est la confiance. Peu importe à quel point vous aimez votre partenaire, vous devez apprendre à vous faire confiance pour que la relation fonctionne. Parce qu'ils ont du mal à se faire confiance, je suis témoin d'innombrables relations qui traversent des traumatismes et du stress. De nombreuses relations échouent simplement parce que l'un ou les deux partenaires ont du mal à faire face à la conduite suspecte. Il est temps d'apprendre à faire confiance à votre partenaire si vous voulez une relation durable et épanouissante.

La capacité à sentir la confiance est un trait personnel. Les gens manquent souvent de confiance en leur partenaire à la suite d'événements passés. Mais il faut dépasser le passé et recommencer. Vous ne ferez que chasser votre amant en imposant des choses à votre rendez-vous actuel et en agissant de manière suspecte. Vous ne devriez pas commencer à vous méfier du monde qui vous entoure simplement parce que votre ex vous a fait du tort. Vous devez cesser de voir les gens de la même manière car ils sont tous uniques.

Des milliers de personnes abandonnent une variété de choses afin de maintenir un lien et de démontrer leur loyauté. Cela n'implique pas qu'ils aient une connexion sonore, cependant. De nombreuses personnes ont été trahies malgré tout avoir donné à la relation. Les relations consistent à prendre des risques, et pour savoir ce qui nous attend, il faut le faire. Une relation ne progresse pas si des hypothèses sont faites aujourd'hui qui peuvent causer des tensions et des problèmes.

Voici quelques bons conseils de rencontres pour vous aider à avoir confiance en votre rendez-vous.

Ne laissez aucune place aux pensées négatives. Il n'y a pas de place dans une relation pour agir de manière suspecte parce que vous pensez que votre partenaire vous trompe. Il est conseillé de discuter de tout problème que vous rencontrez avec votre partenaire. Soyez prudent, cependant, et évitez de blâmer les autres sans justification ni preuve à l'appui. Informez-les de vos préoccupations de manière polie en leur parlant. Avoir une discussion vous aidera à prendre une décision et vous pourriez conclure que la cause de votre détresse était absurde.

Toute relation réussie commence par une communication efficace. Une communication régulière est cruciale pour renforcer votre relation. Parlez aux autres de vos activités au travail, entre copains, etc. Il n'y aura pas de place pour la méfiance car votre conjoint sera toujours au courant de vos projets.

Votre relation ne survivra pas si vous faites pression sur votre partenaire pour qu'il agisse d'une manière spécifique simplement parce que vous ne lui faites pas confiance. La relation se relâche et se sépare si l'un des conjoints domine ou impose des contraintes à l'autre. Tenez compte des désirs et des besoins de chacun et partagez l'espace de manière égale.

Votre partenaire commencera à se retirer de vous une fois qu'elle comprendra que vous agissez de manière injuste parce que vous ne lui faites pas confiance, réalisant à quel point cela peut devenir difficile à l'avenir. Alors, soyez responsable de vos idées et actions négatives. Respectez votre partenaire et soyez prêt à lui faire confiance.

Il peut être assez difficile de prédire si un homme ou une femme sera votre partenaire pour toujours. Les relations consistent à prendre des risques et à laisser les choses se passer comme elles peuvent. Cependant, vous ruinez déjà l'attrait de votre relation si vous ne pouvez pas faire confiance à votre partenaire. Vous pouvez au moins faire un effort pour entretenir une relation agréable et saine en apprenant à faire confiance.

Conseils pour demander une deuxième date

Vous avez apprécié votre premier rendez-vous et êtes impatient d'en avoir un autre. Il peut être difficile de demander un deuxième rendez-vous. Vous vous mordez la langue par souci de ce qu'il pourrait ressentir. La façon exacte dont vous passez le premier rendez-vous déterminera si vous en demandez un second. La probabilité d'un deuxième rendez-vous dépend de ce que votre partenaire ressent pour vous. Si vous

vous avez passé un merveilleux moment avec la personne, vous pourrez demander un deuxième rendez-vous très bientôt.

Vous pouvez très certainement laisser des indices sur la possibilité de sortir à nouveau si votre premier rendez-vous s'est bien passé. Préparer le terrain tôt vous facilitera la demande d'un deuxième rendez-vous. Vous pouvez vous sentir libre d'organiser le prochain rendez-vous si vous êtes certain que la fille a des sentiments pour vous et vous envoie des signaux indiquant que vous la reverrez. Il n'y a pas beaucoup de gens qui peuvent se connecter rapidement et qui sont ouverts. Ils pourraient être les premiers à suggérer d'aller à un autre rendez-vous. Il y a des filles qui sont suffisamment réservées et pourraient ne pas être en mesure de vous donner des signaux sur un deuxième rendez-vous au même moment. Dans ces circonstances, il peut être difficile de déterminer si le rendez-vous a été agréable ou non.

Demandez à la femme comment elle a trouvé le premier rendez-vous si vous êtes assez courageux pour le faire. Vous pouvez dire en interprétant son langage corporel si elle est vraiment ravie du rendez-vous ou si elle a juste hâte que ce soit fini. Si vous ne parvenez pas à communiquer verbalement, vous pouvez envoyer un message de remerciement et un bouquet de fleurs à la place. De plus, vous pouvez indiquer sur la carte que vous êtes prêt à aller à un deuxième rendez-vous. Vous pouvez garantir que la fille est également prête à se rencontrer bientôt si vous recevez un appel dès qu'elle reçoit la carte.

Il est toujours poli d'évoquer le premier rendez-vous de votre fille. Dites-lui combien vous avez aimé chaque seconde. Cela suffit pour lui indiquer que vous êtes prêt pour un deuxième rendez-vous. Si elle répond avec le même zèle et que vous sentez qu'elle est également ouverte à un autre rendez-vous, organisez immédiatement le deuxième rendez-vous pour vous soulager de la pression d'avoir à lui demander de sortir. Si elle habite à proximité ou si son bureau est sur votre route, vous pouvez passer par hasard et voir s'il y a une chance pour un deuxième rendez-vous.

Vous pouvez demander un deuxième rendez-vous tout de suite si vous êtes du genre à être prêt à entendre à la fois un oui et un non. Demander un deuxième rendez-vous comporte certains risques, mais il est toujours préférable d'essayer que de ne jamais demander en premier lieu. Il est possible que l'autre personne surveille simplement votre demande pour un deuxième rendez-vous.

Comment construire une relation solide lors de rencontres

Vous êtes donc dans une relation amoureuse et souhaitez apprendre à établir une relation solide avec votre partenaire. C'est vraiment très facile. Tout ce que vous avez à faire pour vivre une rencontre sans problème est de suivre quelques bonnes pistes. Jetons un coup d'œil aux principes de construction d'un lien fort avec votre partenaire. En un mot, avoir une attitude joyeuse et ouverte, convaincre d'une excellente communication ouverte entre les partenaires, avoir de solides capacités d'écoute et, surtout, accepter votre partenaire avec sa juste part de défauts sont tout ce qui est requis pour l'établissement d'une bonne liaison.

Lorsque vous sortez ensemble, développer une relation est essentiel car cela peut vous aider à mieux comprendre votre compagnon. Faites un effort pour interroger votre compagnon. Tout sous le soleil est un jeu équitable, y compris des questions sur les loisirs, les intérêts, la mode et d'autres sujets. Une fois que vous êtes tous les deux d'accord sur quelque chose, vous pouvez commencer un discours sur ce sujet. Cela pourrait être le début d'une merveilleuse relation amoureuse.

Tout le monde aime être admiré. En appréciant le style de votre partenaire, sa sélection de bijoux ou simplement la façon dont il a choisi de porter quelque chose, vous pouvez créer une base solide pour une relation durable.

eau de Cologne, parmi tant d'autres. Une telle modeste gratitude peut faire des merveilles pour votre relation. Maintenez une vision joyeuse de la vie. Même si vous avez peut-être eu une journée difficile au travail, essayez de vous empêcher de vous mettre en colère contre votre rendez-vous, car cela pourrait avoir un impact négatif sur l'alchimie que vous avez développée. Donnez beaucoup de respect à votre partenaire amoureux et n'agissez jamais de manière dominatrice.

De nombreuses fois, la datation peut se produire entre deux inconnus. Il est préférable de mettre fin à la réunion après le premier rendez-vous si vous avez souvent l'impression que vos conversations sont forcées et que vous réfléchissez trop avant de parler. Vous devez pouvoir parler librement avec votre conjoint et vous sentir parfaitement à l'aise en sa présence.

Faites un effort pour bien écouter. Ne parlez pas exclusivement de vous. Donnez également à votre partenaire une chance d'exprimer ses idées. Faites attention à ce que votre partenaire a à dire. Suivez les indices et continuez à parler. Et devine quoi? Vous tissez un lien fort.

Les gens essaient fréquemment de raconter à leurs partenaires amoureux potentiels des détails sur les événements bouleversants de leur jeunesse. Cela peut ne pas convenir à beaucoup de gens. Il est préférable de ne pas partager trop de détails intimes sur votre vie jusqu'à ce que vous connaissiez bien la personne. Vous devez garder à l'esprit de ne pas discuter de vos affiliations antérieures. Cela peut donner aux autres une mauvaise impression de vous. Pour éviter de provoquer une rupture dans votre relation amoureuse, essayez de vous concentrer davantage sur vos amours et vos dégoûts communs.

Une fois que vous et votre conjoint vous entendez bien, vous pouvez discuter soigneusement des problèmes que vous aviez l'intention de résoudre. De telles révélations sont fortement déconseillées jusque-là. Il y a de fortes chances que si vous essayez de mettre ces conseils pratiques en pratique, vous trouverez un amour durable.

Comment surmonter la timidité pour avoir une relation amoureuse réussie

Nous pouvons sembler incapables de parler lorsque nous essayons d'interagir avec les autres. Vous pourriez vous sentir nerveux, manquer de confiance en vous ou peut-être même timide. Dans une certaine mesure, la timidité peut être jugée appropriée. Au-delà de cela, cependant, vous devez examiner et modifier votre comportement. La timidité peut entraver considérablement la communication avec un partenaire si vous sortez avec lui.

La plupart des gens sont habitués à la réalité que les personnes timides sortent moins souvent. La vérité est que même si les personnes timides peuvent être des retardataires en matière de rencontres, une fois que leur timidité initiale semble s'estomper, elles finissent par dominer leur groupe social. La timidité est un trait étrange. Essayez de passer par là. Commencez par travailler pour améliorer vos capacités de renforcement de la confiance. Parlez à presque tout le monde dans votre voisinage. Abordez les individus avec enthousiasme. Vous pouvez surmonter votre timidité avec l'utilisation de cela.

Parlez à quelqu'un de votre problème de timidité. Continuez à lire des livres qui traitent du renforcement de la confiance. Non de leur âge, sortez et engagez-vous avec des gens de l'autre sexe. Tout ce que vous avez à faire est de faire un effort pour vaincre votre timidité. Les gens pourraient vous percevoir comme brusque et hostile si vous n'essayez pas de surmonter votre nervosité.

Être trop réservé peut tuer vos chances de trouver l'amour. Si vous commencez à sortir avec quelqu'un, essayez de communiquer avec lui autant que vous le pouvez. Si vous jetez simplement quelque chose, cela peut sembler vraiment ennuyeux.

Vous jetez quelques coups d'œil rapides à votre conjoint avant de répondre par monosyllabes. Au lieu de cela, préparez-vous bien avant l'occasion. La timidité a souvent été considérée comme un dilemme plus grave que vous ne pourriez le réaliser. Dans ces situations, il est préférable que vous parliez avec un spécialiste qui pourra vous proposer certaines thérapies.

Faites quelques pas pour vous toiletter devant le miroir. Analysez la cause de votre timidité en ayant une conversation avec vous-même. Le meilleur juge, c'est vous. Peut-être pourriez-vous découvrir la solution et réussir à vous débarrasser de votre timidité. Faites un effort pour ne jamais sous-évaluer vos capacités en quoi que ce soit. Lorsque vous commencez à penser négativement, c'est là que la timidité commence.

Supprimez les choses qui vous empêchent de dormir la nuit. Mélangez-vous avec des personnes optimistes. Demandez à votre ami proche ou à votre collègue de vous donner des conseils sur le toilettage de votre personnalité après avoir partagé vos traits avec eux. N'ayez pas peur d'inviter quelqu'un à un rendez-vous. Votre perception erronée des gens est peut-être à l'origine de votre timidité. Il pourrait être difficile pour vous de surmonter votre timidité si la peur du rejet vous ronge.

Lorsque vous sortez à un rendez-vous, souriez et engagez la conversation. Faites comprendre à votre partenaire que vous êtes accessible et amical. Ne prenez pas personnellement tout ce que votre partenaire dit ou plaisante. Passez du temps significatif avec votre amoureux tout en écoutant bien. Vous pouvez surmonter votre timidité à l'aide de ces étapes modestes et, en quelques jours seulement, vous pourrez vivre une relation amoureuse satisfaisante. N'ayez pas peur de demander à votre amant de sortir avec vous la prochaine fois. Soyez assuré. Alors bingo ! Vous verrez des résultats incroyables. Bonne rencontre !

Garder les coûts de rencontre sous contrôle

Vous êtes tombé amoureux de quelqu'un, mais vous n'avez pas beaucoup d'argent à lui donner. Que feriez-vous dans cette circonstance ? La plupart des hommes ne savent pas que toutes les femmes du monde ne tombent pas amoureuses des hommes riches. Certaines femmes apprécient votre affection plus que votre argent car elles ne sont pas extrêmement matérialistes. Cependant, si votre partenaire est trop nécessiteux et exige un flux constant de plaisirs mondains, vous devrez trouver comment gérer cette situation.

Tout d'abord, lorsque vous décrivez vos limites financières à votre partenaire, essayez de ne pas paraître trop égoïste. Les choses peuvent ne pas devenir compliquées si cela est compris dès le début de votre partenariat. Permettez à votre partenaire de décider de poursuivre ou non la relation après votre divulgation. Vous ne devriez pas avoir peur de dire la vérité à votre partenaire. Ne vous survendez pas pour gagner l'affection de votre partenaire. Plus tard, des problèmes de dépenses peuvent survenir. Soyez vous-même et, sinon lors du premier rendez-vous, au moins lors de la deuxième rencontre, soyez ouvert sur vos problèmes.

Aujourd'hui, il devient de plus en plus évident que les femmes travaillent à temps plein. Ils sont donc financièrement indépendants et ne dépendent pas entièrement de leur partenaire. L'ère de la pensée traditionnelle est révolue. Cela pourrait être avantageux pour les partenaires amoureux. Lorsque vous allez dans des restaurants servant plusieurs cuisines, vous pouvez décider de répartir le paiement en parts égales. Certains gars agissent bêtement et pensent qu'ils ne devraient pas laisser les femmes couvrir les frais. Le partage des coûts, cependant, peut s'avérer très utile si vous êtes en couple et ne vous sera que bénéfique dans vos activités futures.

Imaginez que vous êtes dans une situation difficile financièrement. Discutez-en avec votre partenaire. N'hésitez pas à discuter de vos problèmes avec votre partenaire. La connexion de rencontres new age prend en charge un partage financier égal. Les femmes croient maintenant que parce qu'elles travaillent, elles peuvent subvenir à leurs besoins financièrement. Si c'est le cas, laissez votre partenaire le faire sans interférer.

Le coût de sortir avec une femme est hors de contrôle et en croissance. Dans cette situation, le partage des frais et des dépenses est la meilleure méthode pour maintenir une relation amoureuse heureuse. La majorité des femmes célibataires sont ingénieuses et coopératives lorsqu'elles partagent les factures avec un homme. Aller dans des restaurants moins chers, payer moins pour des billets de cinéma, profiter de friandises spéciales pour le souper, etc. sont toutes des options viables. Faites un effort pour trouver des endroits où vous pourrez passer la soirée tranquillement sans dépenser beaucoup d'argent. C'est assez bénéfique. Considérez combien de jours vous et votre partenaire vous rencontrez chaque mois. À la lumière de cela, réfléchissez aux emplacements potentiels pour un rendez-vous. Il est inapproprié d'avoir des rendez-vous dans des restaurants haut de gamme, comme on le croit généralement. Au lieu de cela, considérez quelque chose de distinct. Cela réduira vos dépenses et modifiera considérablement votre relation amoureuse. Pour réaliser des réalisations remarquables dans leurs relations, les partenaires amoureux devraient essayer de mettre certaines de ces suggestions en pratique. Essayez de vous concentrer sur la gestion des coûts tout en datant dans cette nouvelle ère.

Dates des réunions ayant des intérêts similaires

S'il est vrai que les contraires s'attirent, passer du temps avec quelqu'un qui n'a pas vos intérêts ou quoi que ce soit en commun avec vous peut rapidement devenir monotone. Il est conseillé de rechercher des dates qui ont des intérêts communs afin d'éviter d'entrer constamment dans les mauvais partenariats. Vous pouvez trouver la date idéale avec des intérêts similaires en vous rassemblant dans des endroits ou en vous engageant dans des activités que vous aimez.

Être célibataire et s'adonner à vos activités préférées pourrait vous amener à un autre célibataire ayant un intérêt similaire. Si vous aimez explorer de nouveaux endroits, sortez sur un sentier nature et vous pourriez vous surprendre en rencontrant le meilleur rendez-vous de votre vie. N'ayant pas de compagnon pour les accompagner, de nombreuses personnes se confinent. Mais rester distant ou seul ne vous facilitera jamais la connexion avec des personnes qui partagent vos intérêts. Au lieu de cela, commencez à réseauter et à socialiser avec autant de personnes que vous le pouvez.

De nombreux couples se sont réunis au travail, à la fête d'un ami ou même dans un cours de loisirs. Vous rencontrerez la date idéale qui a des intérêts comparables si vous avancez. Avoir un rendez-vous qui aime et fait tout ce que vous faites est assez rare, sans parler de l'ennui. Il est idéal d'aller à un rendez-vous avec quelqu'un avec qui vous avez des choses en commun.

Allez dans un atelier qui vous apprend si vous êtes un artiste qui aime peindre ou qui a toujours voulu s'essayer à la poterie. En faisant cela, vous augmentez vos chances de rencontrer une personne intrigante à l'atelier qui partage au moins un intérêt avec vous. Si vous voulez faire la fête, découvrez tous les points chauds où vous êtes susceptible de croiser des gens merveilleux et insolites. La meilleure stratégie pour identifier et rencontrer des dates qui partagent vos intérêts est de vous faire remarquer dans les hotspots.

Lorsque deux personnes sortent ensemble, c'est beaucoup plus agréable lorsqu'elles ont quelques intérêts communs. Un autre endroit merveilleux pour rencontrer des personnes ayant des intérêts communs est sur les sites de rencontres. Vous pouvez choisir une personne qui correspond à vos attentes parmi les centaines de profils disponibles sur ces sites. Comme tu lis

En examinant le profil, vous pouvez déterminer si vous et l'autre personne avez quelque chose en commun avant de passer à autre chose. Trouver des correspondances avec des intérêts communs est plus simple sur les sites de rencontres que de rechercher des partenaires potentiels lors de divers rassemblements et lieux.

Un endroit formidable pour rencontrer quelqu'un d'intéressant qui pourrait devenir votre rendez-vous idéal est à l'extérieur. Soyez un explorateur de personnes chaque fois que vous rencontrez quelqu'un de nouveau en personne, que ce soit lors d'une fête, d'un séminaire, d'une réunion ou en ligne. Vous pouvez déterminer si vous avez des choses en commun et l'étoffe d'un couple fantastique en vous parlant et en partageant des informations.

Ce ne sera jamais qu'un rêve de s'asseoir à la maison et d'attendre que votre rendez-vous idéal arrive. Vous devez faire une tentative de rencontrer des gens intéressants et agréables afin d'identifier votre date possible. L'auto-isolement ne peut que vous faire sentir isolé et seul.

Considérant une date? Planifiez et pensez différemment

La plupart des rendez-vous ennuyeux se retrouvent dans un restaurant ou un café-restaurant répété. Quelques couples intéressants ne font aucun effort pour rendre leur rendez-vous unique et excitant. Pourquoi suivre la majorité des gens ? Au lieu de cela, sortez des sentiers battus et proposez une technique unique pour rendre votre rendez-vous mémorable. Rendre une date excitante et intrigante implique une planification considérable et ne se fait pas rapidement. Si vous avez travaillé sur vos capacités d'écoute, vous pouvez en déduire ce que votre partenaire aime et ce qui l'impressionnera.

Assurez-vous de considérer ce qui pourrait faire du rendez-vous le plus fantastique et le plus inoubliable de tous les temps lorsque vous organisez un rendez-vous. Si vous aimez l'aventure, choisissez une activité aquatique ou inscrivez-vous à un camp pour vous surprendre l'un l'autre. Vous pourriez peut-être décider de l'emmener sur une montagne bien connue. Faites du saut à l'élastique ou engagez-vous dans toute autre action qui vous rendra tous les deux incroyablement heureux. Pour dynamiser toute relation ou même planifier une date mémorable, passer du temps de qualité est crucial.

Allez dans un endroit où vous pourrez tous les deux profiter de la bonne musique s'il aime le ballet ou tout autre type de danse. Vous pouvez également vous inscrire à un atelier où vous étudierez différents styles de danse et aurez l'occasion de mieux vous connaître. Emmener votre rendez-vous au ski la surprendra si vous l'avez déjà entendue dire qu'elle n'a jamais essayé de skier mais qu'elle aimerait essayer. Elle sera ravie et vous aurez la chance d'obtenir d'excellents résultats.

Vous pouvez parfois organiser un souper suivi d'un film. La prochaine étape peut être de se promener dans un zoo si vous aimez le faire. Essayez de faire du dîner une occasion mémorable lorsque vous le planifiez. Visitez un restaurant qui propose la meilleure cuisine et qu'elle adorerait. Assurez-vous cependant de connaître ses préférences alimentaires avant de choisir un menu pour le dîner. Si vous aimez vous amuser tous les deux, trouvez un bar animé où vous pourrez danser toute la nuit.

Faire régulièrement la même chose pourrait devenir plutôt ennuyeux et votre rendez-vous pourrait ne pas avoir hâte de vous revoir. Cependant, vous voudriez tous les deux passer plus de temps ensemble lorsque vous le rendrez amusant et excitant. Chaque fois que vous vous réunissez, essayez de planifier quelque chose d'amusant. Cela ne vous oblige pas à dépenser de l'argent à chaque rendez-vous. Vous pouvez faire des plans fascinants tout en étant à la maison.

Si vous aimez cuisiner, préparez une cuisine délicieuse, invitez-la et regardez peut-être un DVD ou jouez à des jeux sur votre Playstation avant de vous asseoir pour déjeuner. Vous n'avez pas à dépenser de l'argent à chaque fois que vous planifiez ces dates. Lorsque vous êtes à la maison, vous pouvez toujours en profiter au maximum. Pour éviter de vous ennuyer avec votre jeu de rencontres, assurez-vous que cela ne devienne pas une routine.

Si vous et votre partenaire aimez tous les deux faire du vélo, organisez un voyage en voiture pour pratiquer votre conduite. Planifiez une journée pour peindre votre chambre ensemble ou donner un nouveau look à votre vélo. Après tout, un rendez-vous est un moment pour se détendre, s'amuser et se montrer sous son meilleur jour.

Problèmes de rencontre courants résolus

Le jeu de rencontres devient plus agréable et excitant à mesure qu'il progresse. Cependant, au fil du temps, vous pouvez rencontrer certaines difficultés. Chaque relation passe par ces étapes, et il vaut mieux trouver des solutions que de laisser les choses devenir incontrôlables. Il est possible que le problème soit parfois trivial, comme choisir où aller lors de votre prochain rendez-vous. Lorsque vous commencez à douter de choses comme le degré de dévotion dans votre relation, les difficultés les plus sérieuses commencent à surgir. Ignorer un tel problème ne le résoudra pas. Il est préférable de régler ces problèmes tout de suite et de parvenir à un accord agréable.

La question de savoir quoi faire ensuite ou où se rencontrer est une question avec laquelle presque tous les couples en couple se débattent. Le problème peut être résolu en discutant et en choisissant un lieu qui intéresse les deux parties. Vous pouvez planifier une date basée sur des lieux intrigants que vous aimeriez tous les deux. Vous pouvez la surprendre et l'emmener à l'endroit qu'elle rêve si vous savez ce qu'elle aime ou ce qui la rendra heureuse.

L'engagement est une énigme clé que vous pourriez rencontrer. Choisir de poursuivre ou non votre relation avec cette personne pendant cette étape peut être difficile. Cela peut être difficile même si la fille a exprimé son intérêt à s'engager, mais vous n'en êtes pas sûr. Il vaut mieux être sincère avec soi-même dans cette situation. Déterminez si vous souhaitez passer le reste de votre vie avec cette personne spéciale ou si vous souhaitez toujours rencontrer d'autres personnes en effectuant une auto-analyse. C'est idéal si vous passez un peu de temps à mieux connaître l'individu avant de répondre à cette question si vous venez de commencer à sortir ensemble. Si vous sortez ensemble depuis plus d'un an, vous devez vous demander si vous êtes toujours à la recherche du partenaire idéal.

Vous pourriez ne pas savoir s'il faut donner une chance à la relation ou l'arrêter si les choses entre vous et votre rendez-vous commencent à devenir gênantes. Il est recommandé d'essayer une solution immédiatement si vous êtes stable depuis un certain temps et que vous découvrez ensuite un problème. De plus, si vous aimiez vraiment votre conjoint et que vous vouliez donner une chance à la relation, vous devriez en parler honnêtement et exprimer vos sentiments l'un à l'autre. Il est courant que les couples connaissent des différences et des problèmes tout de suite, ce qui rend les rencontres difficiles plutôt qu'agréables. Il est préférable d'arrêter là la conversation et de poursuivre pour trouver une meilleure date dans un tel cas.

Faire confiance ou non à votre rendez-vous est une énigme de rencontre typique. Il est tout à fait normal de vivre cela. Les humains sont incapables de savoir s'ils doivent ou non faire confiance à un étranger. Sortir ensemble peut être la pire expérience de tous les temps si nous doutons constamment de la sincérité de l'autre. Les petits problèmes sont simples à gérer pour eux. Vous pourrez profiter de rencontres si vous n'en faites pas tout un plat. Essayez de trouver une solution rapide à la situation, quelle qu'elle soit. Plus vous le faites tôt, plus vous avez de chances de trouver une date compatible.

Les qualités d"une relation amoureuse réussie

Si vous avez franchi le pas et commencé à sortir ensemble, vous devez avoir une solide compréhension de ce que ce type de relation implique. C'est simple d'aller à un rendez-vous, mais il peut être difficile de maintenir une dynamique de rencontre positive. Vous n'aurez pas à regarder en arrière dans votre vie amoureuse si vous reconnaissez et respectez les fondamentaux. La sincérité et la foi sont des éléments essentiels de toute relation et une voie vers une relation amoureuse heureuse et réussie.

Assurez-vous de dire à votre amant ce que vous appréciez le plus chez lui. Discutez de vos problèmes. Partager ses joies et ses peines avec quelqu'un est satisfaisant. Faites attention à ne pas dominer votre relation. Si vous avez fait une erreur, admettez-la et présentez vos sincères excuses. Une quantité importante de respect émotionnel entre les partenaires est nécessaire pour une relation amoureuse saine.

Au lieu de partir en colère ou de commencer une série de chantages émotionnels et de menaces, essayez de régler respectueusement tout différend que vous avez avec votre partenaire. Une fois la dispute terminée, les deux partenaires doivent apprécier le choix de l'autre. Même si vos opinions divergent, faites un effort pour comprendre les émotions de votre partenaire. Vous devez respecter le droit de chacun de maintenir son point de vue.

Vous devez maîtriser les compétences de compréhension et d'écoute attentive afin d'avoir une relation amoureuse réussie. Vous devriez être capable de vous voir à la place de votre partenaire et de comprendre ce que cette personne essaie d'exprimer sur un sujet donné. Au lieu d'imposer vos opinions personnelles, vous devez prêter attention aux points de vue de votre partenaire.

Chaque partenaire dans une relation doit avoir une quantité égale de liberté et de soutien. Tout le monde a droit à son espace personnel, à ses opinions, à ses amis, à ses opinions et à d'autres choses. La décision de tout partenaire de mettre fin à la relation doit être honorée. Bien sûr, cela ne signifie pas que vous devez accepter la décision sans poser de questions ou sans avoir une bonne justification. De plus, des traits comme l'envie, une attitude obsessionnelle, etc. ne doivent pas être affichés si les partenaires ne sont pas intéressés par un engagement à long terme.

Encouragez-vous les uns les autres dans tout ce que vous faites. Au lieu de pointer constamment du doigt les lacunes de l'autre, essayez de comprendre les traits positifs. Faites un effort pour améliorer votre connexion autant que vous le pouvez. S'offrir des cadeaux inattendus est une merveilleuse façon de pimenter votre relation.

Essayez de ne pas tenir compte de la somme d'argent que vous dépensez chaque fois que vous offrez un cadeau à votre bien-aimée. Plus important que le cadeau est la pensée. Au lieu de cela, imaginez la joie que votre partenaire ressentira lorsqu'il recevra le cadeau. Vous devez également traiter votre partenaire avec respect et attention en tout temps. Dès le début du partenariat et au fur et à mesure que l'association grandit, cette mentalité doit être là.

Dans une relation amoureuse, il doit y avoir une affection partagée. Félicitez votre compagnon et montrez-lui votre appréciation. De petites choses peuvent avoir un impact important sur votre relation. Essayez d'adopter certains de ces traits, et peut-être qu'il n'y aura pas beaucoup de couples de Splitsville dans le monde.

Le guide de la femme contemporaine pour approcher un mec

Même si vous vous habillez avec les vêtements et les chaussures de créateurs les plus récents et que vous êtes ultramoderne et élégant, êtes-vous vraiment une femme assez féminine pour inviter un homme à sortir avec vous ?

Les lois de la romance et des rencontres ont évolué avec le temps. Attendre qu'un mec chaud initie le contact n'est plus cool. Les hommes vous considèrent comme une femme élégante et sûre d'elle pour leur demander un grand rendez-vous.

La femme à la mode moderne est franche, arrogante, sûre d'elle, éduquée et belle - une combinaison mortelle qui attire les hommes. Lorsque vous invitez un mec à sortir, vous avez un contrôle total sur vos relations amoureuses. Lorsque les femmes font le premier pas pour tuer, beaucoup d'hommes trouvent cela très séduisant. Les hommes d'aujourd'hui reconnaissent que les femmes sont au moins à égalité avec eux dans tous les domaines de la vie, sinon mieux.

Comment inviter un mec à un rendez-vous :

Allez au bar et achetez une boisson pour tous les mecs sexy que vous y trouverez. Il doit maintenant effectuer le mouvement de suivi puisque vous avez effectué le mouvement d'ouverture.

Demandez-lui avec désinvolture quels sont ses plans pour le week-end pendant que vous lui parlez, puis suggérez-lui une sortie comme aller au cinéma ou danser.

Invitez son gang à venir rencontrer le vôtre : Si l'approcher seul est bizarre, essayez de l'inviter, lui et ses copains, à venir traîner avec le groupe de votre associé. Cela vous permettra à tous les deux de socialiser confortablement dans vos zones de confort individuelles. Assurez-vous simplement que votre amie n'est pas à la rencontre malgré son attrait.

Si vous ne vous sentez pas à l'aise de demander à un garçon de sortir avec vous, laissez des indices comme "Avez-vous vu la dernière pièce de théâtre populaire ?" J'aimerais vraiment le voir. Même après cela, si votre mec ne dit rien ou saisit le moment, soit il ne s'intéresse pas à vous, soit il est trop stupide pour sortir avec quelqu'un.

C'est pour les débutants. Faites votre recherche. Apprenez-en le plus possible sur le gars que vous avez commencé à aimer. Découvrez s'il est heureux en mariage ou s'il a une autre personne significative.

Vous pouvez toujours faire votre meilleur numéro de flirt si vous invitez un homme à dîner, à déjeuner ou à boire un verre. Assurez-vous de maintenir un contact visuel, de sourire largement et de transmettre tout votre charme à sa personnalité. Ne lui donnez pas l'impression que vous êtes facile à avoir ; au lieu de cela, être difficile à obtenir. Les hommes apprécient les femmes fortes et énigmatiques. Essayez d'en savoir plus sur ses centres d'intérêt, ses passe-temps et ses préférences alimentaires.

Malgré votre grande envie de savoir, vous ne devriez jamais vous renseigner sur sa situation financière. Apprenez à mieux le connaître avant d'essayer de vous renseigner progressivement sur sa valeur marchande. Il y a des individus qui donnent un air de sophistication et de flair mais qui peuvent en fait être appauvris, tandis que d'autres sont incroyablement riches mais n'affichent pas leur richesse.

Comme dernier avertissement, permettez-moi de vous rappeler que les hommes sont, en fait, des animaux domestiques. Faire une demande de rendez-vous à un homme peut être difficile. Vous êtes sur le point de marcher sur son ego, alors soyez prudent et soyez prudent.

www.ingramcontent.com/pod-product-compliance
Lightning Source LLC
LaVergne TN
LVHW080559160826
845677LV00010B/1908
9798848031331